Pitou
Pouf
Youpi

Pierre Probst

Caroline fête Noël

« Chouette, il a neigé ! Venez vite,
tout est blanc dehors ! » s'écrie Youpi,
le premier levé en cette veille de Noël.
À son appel, tous ses amis descendent
précipitamment.
Pouf n'a même pas fini de se laver les dents !
Avec toute cette neige, ce sera un beau Noël !
Il y aura un grand sapin décoré de mille lumières
brillantes et des cadeaux, bien sûr !
Car tous ont été très sages en prévision de la fête.

Les albums Hachette

« On placera le sapin ici ! décide Boum.
– Il irait mieux là ! » insiste Pitou.
Caroline met de l'ordre dans cette agitation :
« Mes amis, on verra cela quand on l'aura acheté. D'abord, tous à nos tirelires ! Toutes sans exception ! »
Tandis que Kid, Youpi et Bobi cassent leurs tirelires avec un marteau, Caroline compte la monnaie éparpillée sur la table.
« Avec ça, nous pouvons nous offrir un magnifique arbre de Noël ! » déclare-t-elle.
Et c'est Boum et Youpi qui sont chargés de cette importante mission.

Pouf
Pipo
FRAGILE

En ville, Boum et Youpi remercient
le violoniste pour sa musique.
« Tenez, monsieur, c'est Noël
pour tout le monde !
– Merci à vous, mes petits amis,
leur lance le musicien.

Pour vous, je vais jouer
Mon beau sapin, roi des forêts… »
Un peu plus loin, un Père Noël quête
pour les enfants défavorisés.

« Tu n'y penses pas, Youpi ! s'exclame Boum. Après tout
ce que nous avons déjà donné à ce musicien ! Que dira Caroline ?
– Bah ! Nous choisirons un sapin un petit peu moins grand. »
Et sans hésiter, Youpi donne au Père Noël presque toutes leurs économies…

« Pour la somme qui vous reste, les enfants, vous n'avez guère le choix ! dit la commerçante lorsque Boum et Youpi arrivent enfin devant son magasin. Ce sera le plus petit sapin, là-bas.

– On dirait que le Père Noël continue de nous observer de l'autre côté de la rue avec un drôle de sourire ! » remarque Boum, dépité.

Au retour de Boum et Youpi, Caroline est déconcertée :
« Ce n'est pas un arbre de Noël que vous nous rapportez !
C'est un sapin miniature !
– Hi hi ! C'est juste un arbre de Noël pour les souris ! »
ajoute Noiraud.
Alors, Boum et Youpi expliquent ce qui s'est passé.
« Vous avez fait une bonne action, dit Caroline.
Mais un Noël sans sapin, c'est tout de même moins beau...
– Oh, regardez ! Quelqu'un a glissé un papier
sous la porte !... » s'écrie Boum.

Caroline ouvre la lettre mystérieuse.
« C'est très étonnant… Qui est ce baron de l'Étoile qui nous offre un sapin de Noël ? Comment sait-il que nous en avons tant besoin ? Et si c'était une blague ? »
Personne, en effet, ne connaît le baron.

« Moi, en revanche, je connais la clairière
de “La danse du lièvre”. Mon grand-père y chassait, dit Youpi.
– Profitons de cette occasion !
Titus, sais-tu couper un arbre ?
– Bien sû’, répond Titus,
qui ne sait toujours pas prononcer
les “r”. D’ailleu’s, j’au’ais voulu
êt’e bûche’on !
– Alors dépêchons-nous !
Ce sont toujours les mêmes qui sont
à la traîne ! » s’exclame Caroline.

« Halte ! Voici la clairière
de “La danse du lièvre” !
annonce Youpi qui marche en tête.
– Et voilà notre sapin ! s’écrie Caroline.
C’était donc vrai ! Qu’il est beau !
C’est l’arbre de Noël dont je rêvais ! »

La tronçonneuse de Titus rompt le silence
de la forêt. Quel vacarme !
Kiki l'écureuil surgit de son nid, hors de lui :
« Qu'est-ce que c'est que ce raffut ? dit-il.
Et qui ose couper ce beau sapin ?
Vous ne savez donc pas que c'est défendu ?
– Nous sommes vraiment désolés,
répond Caroline. C'est le baron de l'Étoile
qui nous y a autorisés. Le connais-tu ? »

– Tu veux parler de ce drôle d'original ? Cette forêt est à lui. Méfiez-vous, je pense qu'il est un peu fou. Dès qu'il se promène près de mon arbre, il tombe comme par hasard des noisettes de sa poche. Vous trouvez cela normal ?
– Viens, Caroline, dit Boum tout bas. Filons d'ici avant de rencontrer ce baron ! »

Trop tard ! Un géant à casquette de chasse
surgit dans le crépuscule :
« Ah, je vous y prends, chenapans !
Vous allez me suivre pour vous expliquer
avec Monsieur le baron ! »

Une passerelle mène vers le château entouré d'un étang.
Au sommet du clocheton brille une étoile rassurante,
mais nos amis ont très peur : les dents de Youpi et de Bobi
s'entrechoquent, et les circuits de Titus
ronronnent plus fort qu'à l'habitude…
Caroline s'efforce de rassurer tout le monde.
« Ce n'est sûrement qu'un malentendu,
chuchote-t-elle. Dans quelques minutes,
tout sera arrangé ! »
En est-elle vraiment sûre ?

Il fait nuit, à présent.
Nos amis passent sous
un porche très sombre.
À peine l'ont-ils franchi…

… qu'une énorme couverture leur tombe sur la tête. En un instant, les voilà enveloppés et ficelés comme un colis. Puis on les pousse dans une pièce obscure, et une lourde porte se referme sur eux.
« C'était donc un piège ! murmure Caroline. Mais dans quel but ? En tout cas, nous voici prisonniers ! »

Enfin, quelqu'un vient les chercher et les emmène,
ficelés, à travers un long couloir.
C'est maintenant que leur sort va se décider, pensent-ils.
Pour Boum, l'affaire est entendue.
Le baron-Ogre va tout bonnement leur apprendre
de quelle façon il les mangera : crus ou rôtis !

Soudain, la corde est retirée et la couverture enlevée.
Libérés, nos amis n'en croient pas leurs yeux !

Dans la grande salle du château, illuminée par un magnifique sapin, plein d'enfants joyeusement attablés n'attendent que nos amis pour commencer la fête de Noël ! Au bout de la table est assis un Père Noël. Boum et Youpi le reconnaissent aussitôt : c'est lui qui quêtait en ville pour les enfants pauvres, et qu'ils ont aidé…

Le Père Noël retire alors son capuchon et sa fausse barbe.
LE BARON DE L'ÉTOILE, C'EST LUI !
« Bienvenue à notre fête de Noël, mes amis !
Soyez sans rancune pour ma petite farce qui vous a causé tant de frayeur. Votre séjour sous la bâche nous a laissé un peu de temps pour décorer VOTRE SAPIN !
Les enfants, je vous présente Caroline et ses amis.
C'est grâce à leur générosité que notre fête sera plus belle encore ! »

La fête est terminée.
Chargés de cadeaux, Caroline et ses amis rentrent à la maison.
« Vous voilà libres ? Le baron vous a relâchés ? demande Kiki, qui ne s'était pas rendormi tant il était inquiet pour eux.
– C'est en fait un monsieur charmant, dit Caroline. Il nous a préparé une fête merveilleuse. En plus, chacun de nous a reçu en cadeau son instrument de musique préféré !
– Je savais qu'il était un peu fou, ce baron, mais à ce point-là ! dit Kiki.
– Pourtant, il ne t'a pas oublié ! Il nous a chargés de te remettre ceci : des noisettes enrobées de chocolat. C'est ton régal, je crois ? Joyeux Noël ! »

Bobi
Boum
Noiraud
Pipo
Kid